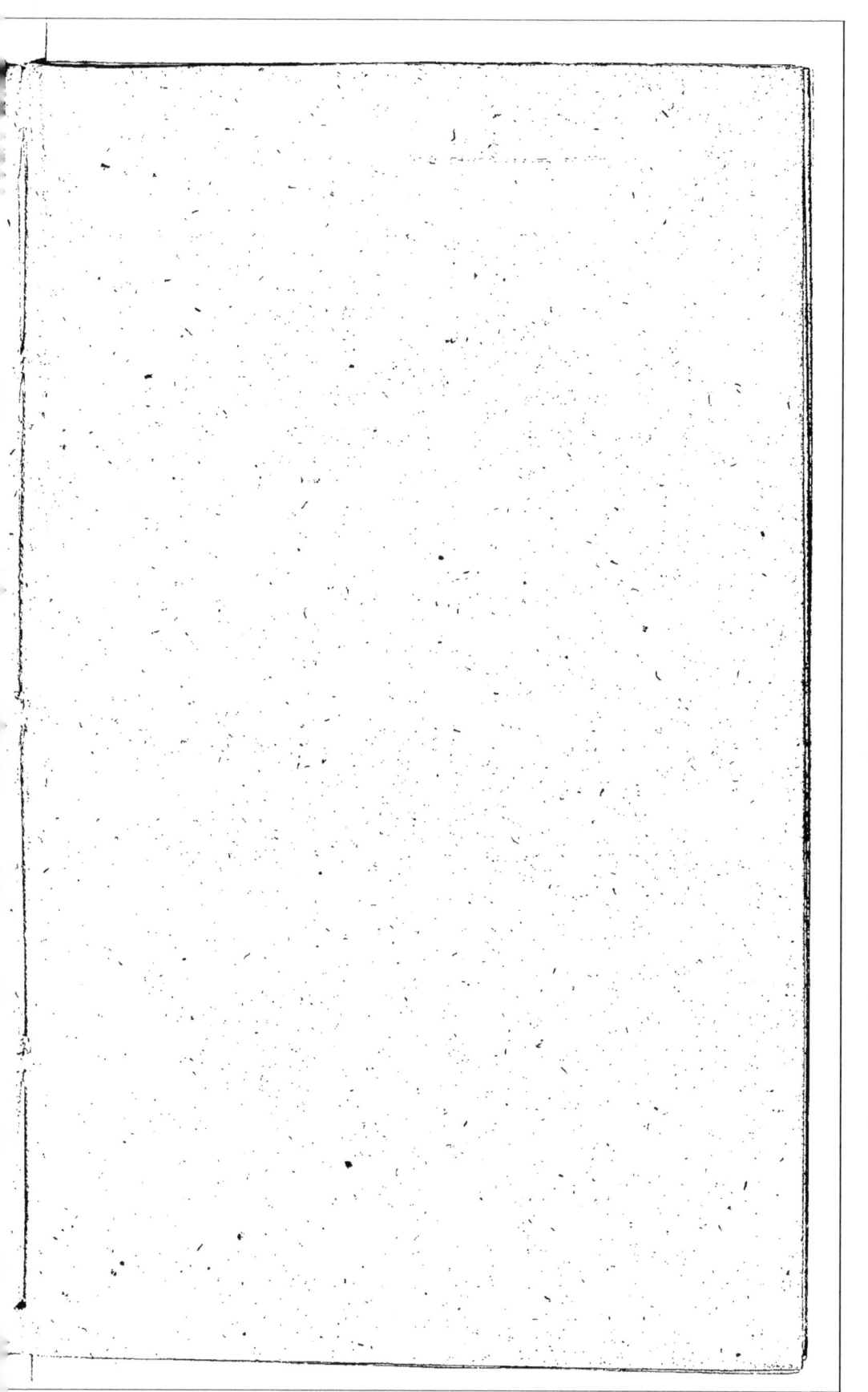

Lb^{40} 46.

OPINION

DE J. P. BRISSOT DE WARVILLE,

Sur la Question de savoir:

Si Paris sera le centre d'un Département de dix-huit lieues de diamétre;

Ou s'il formera seul un Département, en lui joignant une Banlieue de deux ou trois lieues;

Développée à l'Assemblée Générale des Représentans de la Commune de Paris, le Mardi 15 Décembre 1789,

Et imprimée par ordre de l'Assemblée.

19 Décembre 1789.

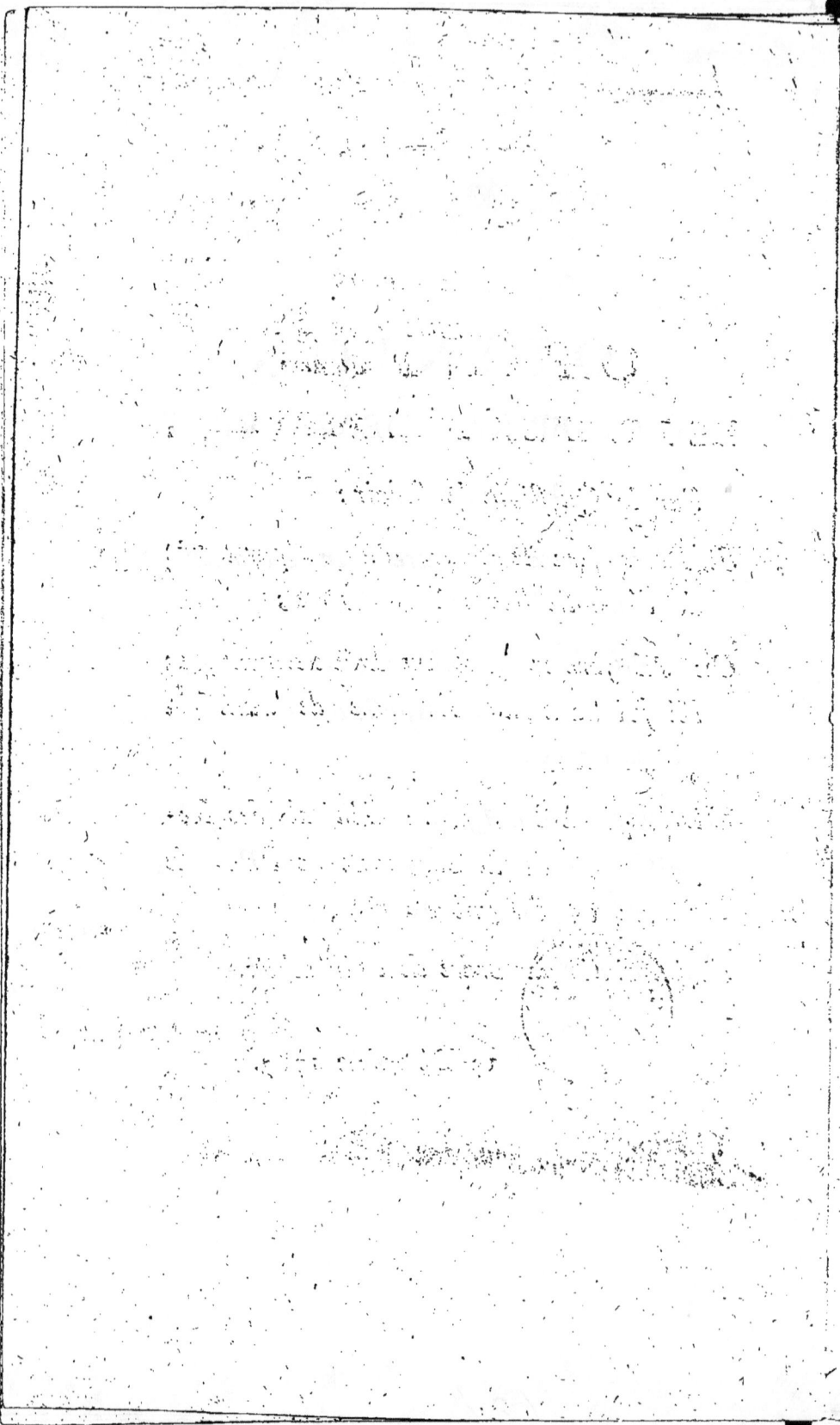

OPINION

DE J.P. BRISSOT DE WARVILLE,

Sur la question de savoir:

Si Paris sera le centre d'un Département de dix-huit lieues de diamètre ;

Ou s'il formera seul un Département, en lui joignant une Banlieue de deux ou trois lieues ;

Développée à l'Assemblée Générale des Représentans de la Commune de Paris, le Mardi 15 Décembre 1789,

Et imprimée par ordre de l'Assemblée.

LA question (*) qui nous divise me paroît si simple, que je ne conçois pas comment il

---

* Le Discours que j'ai prononcé à l'Assemblée avoit un *Exorde* différent & un peu étranger, non à ce qui s'y est discuté, mais à la question nue, telle que je la présente ici. Je l'ai supprimé, pour ne pas rallentir ma marche ; j'ai ajouté quelques développemens qui me semblent nécessaires, pour éclairer les esprits sur cette question, avant la décision de l'Assemblée Nationale.

A

exifte encore des doutes. S'il en eft, on ne les doit qu'au langage abftrait & nouveau dont on fe fert, & qui obfcurcit les idées.

Paris fera-t-il le centre d'un Département de dix-huit lieues de diamétre?

Ou fera-t-il feul un Département?

Voilà la queftion réduite à fes termes les plus fimples.

Il eft facile de vous démontrer qu'en adoptant le premier parti, vous anéantiffez la dignité de la Capitale, vous nuifez à fes intérêts, à ceux des provinces voifines, & de tout le Royaume;

Et qu'en adoptant le fecond, au contraire, vous foutenez la dignité de la Ville de Paris, vous fervez fes intérêts & l'intérêt général.

Je vais, dans cette démonftration, preffer mes raifonnemens. Le temps eft précieux; les mots fonores ne font point des preuves, & les obfcurciffent au contraire.

Dans le premier fyftême, Paris n'eft que la neuviéme partie d'un Département, n'eft qu'un Diftrict.

Ainfi les délibérations & les comptes de la Municipalité feront foumis à la révifion d'un Département, dont huit Diftricts lui feront étrangers, oppofés même.

Ainsi Paris n'aura que quatre & peut-être que deux Députés à ce Département;

Ainsi ses élections à l'Assemblée Nationale se feront en commun avec les huit autres Districts; &, par conséquent, il n'aura qu'un Député à l'Assemblée Nationale & peut-être il n'en aura point du tout.

Peut-on imaginer un parti tout-à-la-fois plus humiliant, plus contraire aux intérêts de la Capitale?

J'entrevois ce qui séduit les esprits; on s'imagine que Paris sera toujours le centre de ce Département, y aura une influence prépondérante.

Erreur dangereuse! Croyez-vous que les Provinces voisines y consentiront? Croyez-vous qu'elles ne se ligueront pas contre Paris, & qu'en se liguant, elles ne l'emporteront pas?

De deux choses l'une, ou Paris, neuviéme District, l'emportera constamment sur les huit autres Districts, & ce sera une injustice & des querelles perpétuelles; ou il sera subordonné à ces Districts; & c'est un état humiliant & ruineux pour la Capitale.

Dans l'autre système, au contraire, vous maintenez la dignité & les intérêts de la Capitale.

Car Paris y forme seul un Département. Ainsi, pour ses délibérations & ses comptes,

A 2

il ne dépend point de Diſtricts étrangers ; il
n'a point de querelles, point de jalouſies à
eſſuyer de leur part : il fait ſeul ſes élections ;
il a neuf Députés à l'Aſſemblée Nationale,
tous tirés de ſon ſein : il ne contrarie point
le vœu des Provinces voiſines, dont les divi-
ſions ſont déjà arrangées, qui craignent d'être
englobées dans le Département de Paris, qui
redoutent ſon influence.

En un mot, s'il eſt plus honorable d'être
indépendant que ſubordonné, d'être un
tout, que partie d'un tout, il eſt évident
que Paris a intérêt de former ſeul un Département : il vaut mieux commander ſeul ſur
deux lieues que d'être aſſervi, en apparte-
nant à une étendue de rayon de neuf lieues.

Paris eſt une vaſte Cité ſans égale dans le
Royaume ; elle a donc beſoin d'une admini-
ſtration particulière. Elle n'a point de terri-
torie ; mais elle a une population immenſe, &
paye une maſſe immenſe de contributions : elle
a donc droit de former ſeul un Département.
Les Provinces voiſines, loin d'en être jalou-
ſes, en ſeront ſatisfaites. L'intérêt de Paris ſe
trouve donc ici joint à l'intérêt général.

J'ai entendu beaucoup d'objections contre
ce ſyſtême ; je réponds à celle qui m'a paru
frapper plus fortement les eſprits — Si nous

n'étendions pas l'administration de Paris à neuf lieues de rayon ; comment assûrer ses subsistances ? Que deviennent ses moulins ? Que devient sa sûreté ?

On vous a déjà dit, Messieurs, que, si la nécessité d'assûrer vos subsistances exige un Département de neuf lieues de diamétre, il faudra l'étendre bien plus loin ; car ces neuf lieues sont loin de suffire à vos approvisionnemens ; il faudra l'étendre jusqu'aux ports où arrivent les bleds étrangers que vous consommez.

Eh ! pourquoi faire dépendre la régularité de vos approvisionnemens, de l'étendue de votre administration particulière ? N'êtes-vous donc entourés que de Provinces ennemies, que de Provinces qui refusent de vous approvisionner, & dont il faille vaincre les intentions hostiles par des forces supérieure ? Ah ! pourquoi ne déposons-nous pas ces vieux préjugés qui auroient dû s'ensevelir avec l'ancien ordre ou l'ancien désordre ? Tout étoit forcé dans ce régime ; la subsistance de Paris ne tenoit qu'à la force, qu'à un systême ténébreux de déprédation qui écrasoit les Provinces, non pour favoriser, mais pour contenir la Capitale. Ce systême est anéanti ; & nous devons suivre la marche que nous prescrit le nouveau régime de liberté.

Que font tous les François? Des frères, des hommes égaux. Que font toutes les Villes, toutes les Provinces? Des pays égaux en droits. Qu'eft-ce qui les lie? Leurs befoins réciproques. L'un a befoin de vendre, l'autre d'acheter; il fe formera donc naturellement des marchés éntr'eux. L'intérêt de chacun les y porte volontairement. Ici la violence n'eft point néceffaire; elle feroit funefte, au contraire; elle ruineroit tout. La liberté attire, en effet, les productions dans les marchés.

Paris a befoin de bled, de bois, de vin, & Paris a des richeffes dont la maffe fe renouvelle, fans ceffe; le bled, le bois & le vin s'y rendront en abondance, tant qu'il y aura de l'argent & des confommateurs. Repofez-vous pour cette abondance, fur les fpéculations particulières; lorfque la paix fera rétablie, lorfqu'il régnera, fur les chemins & dans les marchés, une grande fûreté, les Commerçans s'emprefferont de les fournir.

Ne partez pas de l'état où vous êtes pour créer votre Adminiftration; c'eft une crife paffagère; & vous travaillez pour la Poftérité.

Vous parlez de vos moulins, de la néceffité de commander à *Meulan*, à *Corbeil*, &c. Il eft bien étrange que des Villes entières foient obligées de fe foumettre à vous, parce

que vous avez des moulins dans leur voifi-
nage. Dans ce fyftème, une maifon doit donc
l'emporter fur mille : le fatellite doit donc
gouverner fa planete !

Gardez vos moulins ; je le veux ; mais qu'ils
foient foumis à l'adminiftration intérieure du
pays où ils font. Croyez-vous que les Provinces qui vous avoifinent les empêcheront
de tourner, vous feront la guerre ? De pa-
reilles querelles ne font point à redouter ; le
régime de la liberté étend la raifon & la fraternité par-tout, & des hommes raifonnables
& des frères ne fe coupent point ainfi leurs
fubfiftances.

S'il s'éléve des différends entr'eux, ils s'ap-
paifent par la négociation, ou fe décident
par l'interpofition de l'Affemblée légiflative,
dont le pouvoir exécutif fait enfuite refpec-
ter les décrets.

Je veux vous citer un exemple frappant,
qui feul doit vous raffûrer, qui feul doit dé-
cider la queftion.

Londres eft plus peuplé que Paris ; fon
Hôtel-de-Ville n'a point de moulins au dehors ;
les Provinces qui nourriffent cette Ville ne
font point fubordonnées à fon adminiftration,
& elle ne manque point de farines. Le charbon qui chauffe fes Habitans s'arrache de la

terre, loin d'elle, à l'extrémité de l'Angleterre, dans l'Ecoffe : & Londres, tout puiffant, ne s'eft point encore avifé de commander à New-caftle pour fes charbons, ni à l'Yorkshire pour fes bleds. Une pareille fuprématie n'a jamais paru néceffaire pour affurer fes fubfiftances.

S'il falloit commander à toutes les Provinces qui vous fournifient vos befoins, vous devriez donc commander par-tout, à la Champagne, pour fes bois ; à la Bourgogne, pour fes vins ; aux Ifles pour votre fucre.....

Ah ! laiffez ces idées d'Empire qui révolteront contre vous, parce qu'elles font injuftes & abfurdes.

Encore une fois, il eft un moyen bien plus fûr pour affûrer vos fubfiftances ; c'eft l'intérêt. Amfterdam, au milieu de fes marais, avec une population immenfe, fans bled, fans eau, fans charbon ou bois, fans provifions, n'en regorge-t-il pas ?

Je me réfume. A quoi devez-vous prétendre ? A une bonne Adminiftration. Jufqu'où doit-elle s'étendre pour être bonne ? Elle doit finir où finiffent vos intérêts comme cité, vos intérêts communs. Or, comme cité, vous ne pouvez vous étendre au-delà de deux ou trois lieues. Vos Carrières, votre Police, vos Impôts, vos

Approvifionnemens journaliers, vos Hôpitaux & Maifons de Force néceffitent cette banlieue.

D'un autre côté, vous ne pouvez appartenir à aucun Département. Vous l'engloutiriez ou il vous engloutiroit, & ni l'un ni l'autre n'eft jufte. Paris doit donc former feul un tout ifolé, un tout particulièrement gouverné, ayant les pouvoirs de Département, quoique fimple Municipalité. Il faut ou qu'il les ait, ou qu'il foit foumis à un Département voifin. Or cette dernière difpofition feroit abfurde, puifqu'elle feroit contre la nature des chofes.

Je dis, Meffieurs, une Municipalité ayant les Pouvoirs de Département; car je ne vois pas la néceffité de créer un Département particulier qui n'auroit aucunes fonctions à remplir, puifqu'il n'y a ni grands chemins à réparer, ni impofitions à répartir entre des Campagnes. Ce Département n'auroit pour objet que de contrôler les Délibérations, & de revoir les comptes de votre Bureau Municipal; & c'eft affez que ces Délibérations & ces comptes foient revus par votre Affemblée Générale & par les Diftricts.

Enfin, Meffieurs, en fuivant cette marche fi fimple, vous ne dérangez aucune des divifions déjà convenues; vous ne retardez point l'établiffement des autres Municipalités, des autres Départemens; vous concourez à ramener plus promptement la tranquillité générale ; l'ordre, & fur-tout le paiement des Impôts, qui ne peut exifter fans ces Municipalités : paiement dont dépend entièrement le fort de la dette publique, de cette dette à laquelle vous avez un fi grand intérêt. Par là , vous ôtez tout efpoir à vos ennemis qui n'attendent que nos divifions inteftines pour reparoître & ramener l'Anarchie & peut-être la guerre. Par là, vous abrégerez les travaux de l'Affemblée Nationale , à laquelle il refte encore à parcourir une longue carrière ; à laquelle il refte à organifer l'armée, fixer les limites du Pouvoir exécutif, créer un ordre Judiciaire ; une Adminiftration des Finances. Ah ! n'embarraffons pas ces travaux fi néceffaires , par des difcuffions particulières. Soumettons-nous ; & l'avenir, après avoir confolidé cette Conftitution, nous ouvrira des moyens pour en corriger à loifir les défectuofités. C'eft un facrifice ; je le fais ; mais vous le devez au bien général , à la paix, à ce ferment d'égalité & de fraternité que vous avez juré aux autres Provinces. Vous avez été grands ; foyez juftes maintenant ; c'eft la véritable grandeur , & c'eft l'unique moyen de vous concilier l'affection de toutes les Provinces.

M. DCC. LXXXIX.